Mandie Davis
&
Pete Williamson

First published by Les Puces Ltd
in August 2019
ISBN 978-1-9164839-6-5
© August 2019 Les Puces Ltd
www.lespuces.co.uk
Original artwork © July 2019
Pete Williamson and Les Puces Ltd

Egalement disponible chez Les Puces

Consultez notre boutique en ligne sur www.lespuces.co.uk

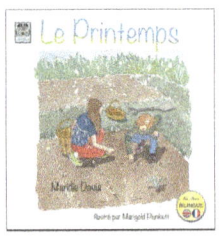   

   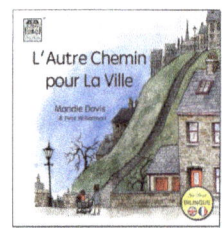 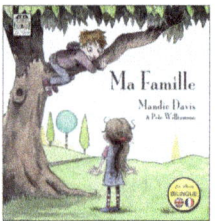

    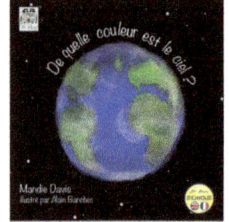

 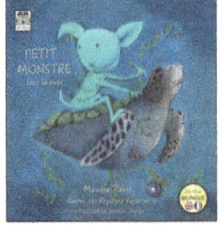   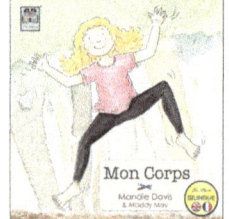

Ma maison est mon château

la maison

Voici ma maison.

Ma maison est mon château.

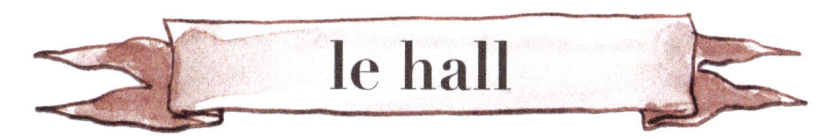

Bienvenue ! Entre dans le hall. Puis-je prendre ton manteau ?

 la cuisine

Voici la cuisine. Voudrais-tu boire quelque chose ? Une boisson chaude ou froide ?

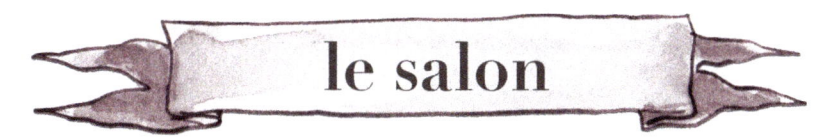

le salon

Dans le salon, nous venons pour nous détendre, jouer à des jeux ou regarder la télévision.

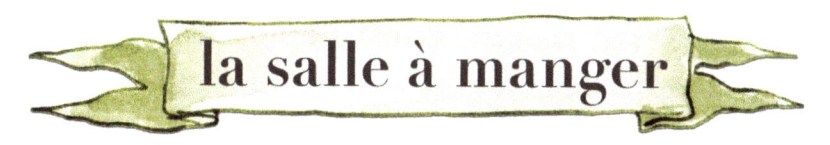

Dans la salle à manger, nous mangeons en famille ou avec nos amis.

le bureau

Si nous voulons travailler, nous pouvons utiliser le bureau.

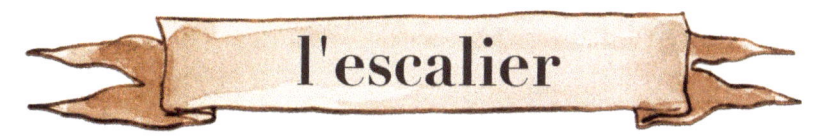

l'escalier

Viens en haut !

Chuuuut, voici la chambre
de mes parents…

la chambre

...et voici ma chambre.
Elle est bien plus cool !

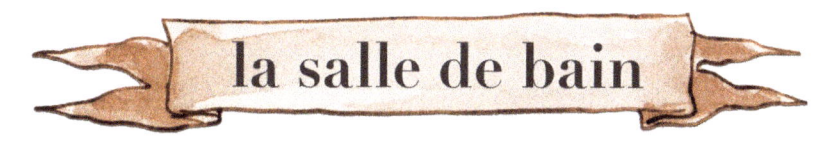

Dans la salle de bain, nous avons une baignoire et une douche. Qu'est-ce que tu préfères ?

le grenier

Dans le grenier, nous conservons toutes les vieilles choses dont nous ne nous servons plus. Il y a beaucoup de souvenirs ici.

la cave

La cave reste fraîche. On y trouve la chaudière qui chauffe la maison.

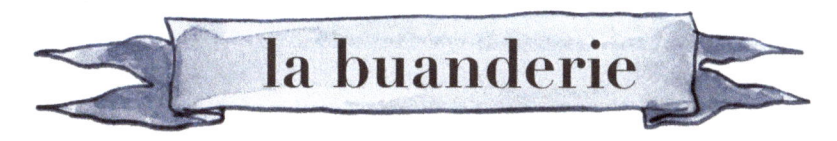

la buanderie

La buanderie est ennuyeuse, mais c'est un bon endroit pour y laisser nos habits pleins de boue après avoir joué. D'une manière ou d'une autre, ils en sortent propres !

le jardin

C'est ici que je me mets de la boue partout. J'adore jouer ici par tous les temps.

le garage

Mon vélo reste dans le garage avec mes jouets d'extérieur et ma luge.

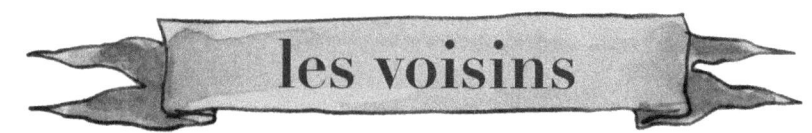

les voisins

Du balcon, je peux voir la maison de nos voisins. Elle est à vendre ! Voudrais-tu y vivre ?

My house

le miroir
the mirror

le bureau
the desk

la table
the table

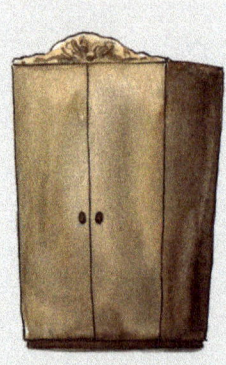
le fauteuil
the armchair

la chaise
the chair

le canapé
the sofa

la lampe
the lamp

l'armoire
the wardrobe

la bibliothèque
the bookcase

le porte-manteau
the coat hooks

le tableau
the painting

la poubelle
the bin

l'évier
the sink

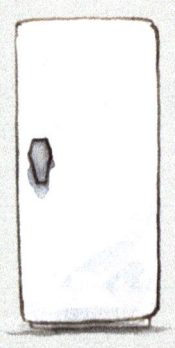
le frigo
the fridge

la machine à laver
the washing machine

la cuisinière
the cooker

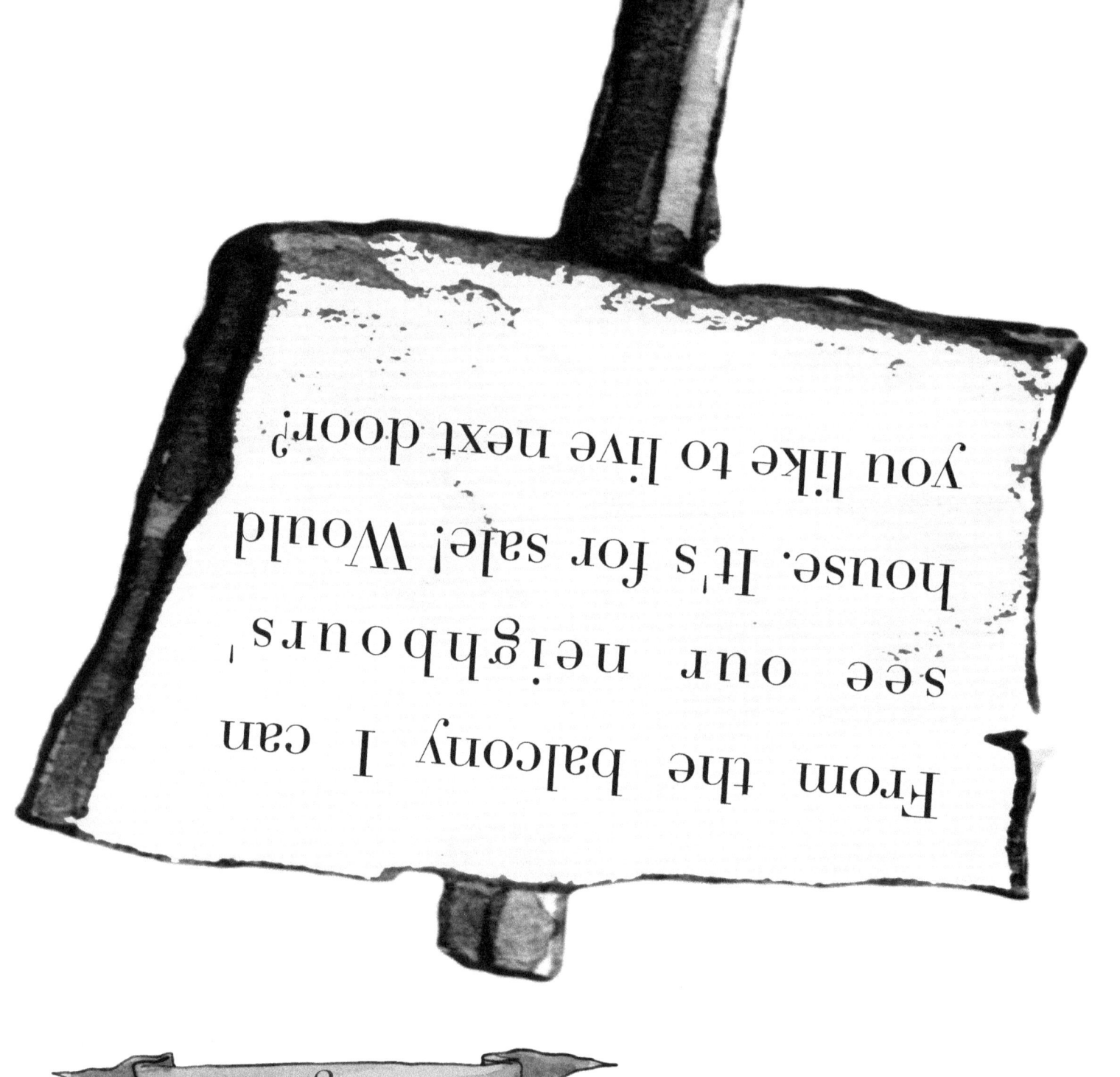

From the balcony I can see our neighbours' house. It's for sale! Would you like to live next door?

the neighbours

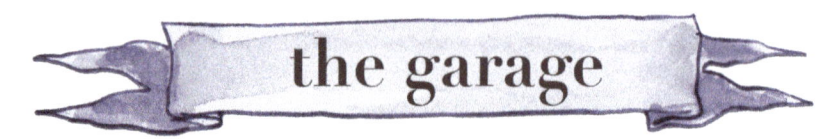

the garage

My bike is kept in the garage, along with my outdoor toys and sledge.

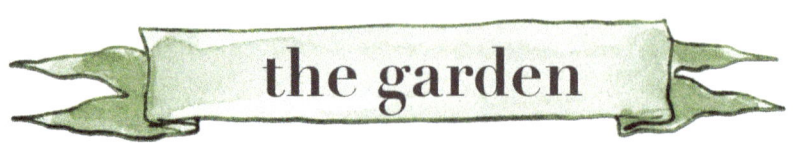
the garden

This is where I get muddy! I love to play here in all weathers.

the laundry room

The laundry room is boring, but it's a good place to leave your muddy clothes after playing. Somehow they come back clean!

the cellar

The cellar stays cool. The boiler that heats the house is here.

In the attic we store all the old things that we don't use anymore. There are lots of memories here.

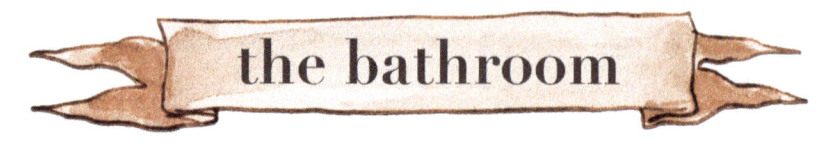

the bathroom

In the bathroom we have a bath and a shower. Which do you prefer?

...and this is my bedroom. It's much more fun!

Shhh, this is my parents' bedroom...

the stairs

Come upstairs!

the study

If we want to work we can use the study.

The dining room is where we eat as a family or with friends.

the sitting room

In the sitting room we come together to relax, play games or watch television.

Here is the kitchen.
Would you like a drink?
Hot or cold?

the hall

Welcome! Come into the hallway. May I take your coat?

the house

This is my home.

My home is my castle.

My home is my castle

Also available from Les Puces

Visit the shop on our website at www.lespuces.co.uk

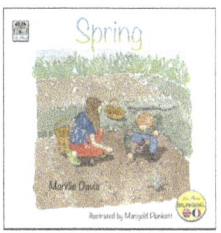   

   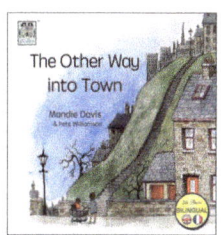 

 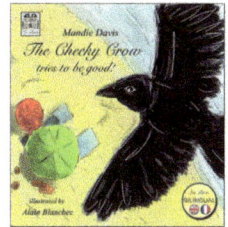   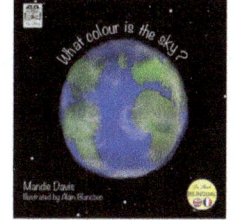

  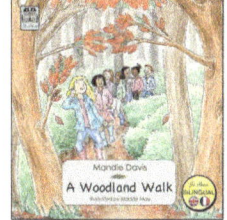  

Mandie Davis
&
Pete Williamson

First published by Les Puces Ltd
in August 2019
ISBN 978-1-9164839-6-5
© August 2019 Les Puces Ltd
www.lespuces.co.uk
Original artwork © July 2019
Pete Williamson and Les Puces Ltd